고정욱 선생님이 들려주는

장영실

고정욱 글 · 허구 그림

산하

| 들어가는 말 |

여러분도 장영실처럼

우리의 역사를 살펴보면 훌륭한 인물들이 참 많습니다. 그런 분들 덕분에 우리의 삶이 풍요롭고 소중한 것이 되었다는 생각을 하면 감사하기 이를 데 없습니다.

하지만 그런 인물들의 이야기를 읽다 보면 종종 기가 죽곤 합니다. 책 속의 위인들은 하나같이 어려서부터 뛰어난 천재였고, 비범했다고 나오기 때문입니다. 그러니 남들보다 별로 뛰어날 게 없는 어린이들은 질리고 맙니다. 자기는 위인이 될 수 없겠다는 생각을 하기 때문입니다. 그래서 오히려 그런 위인의 이야기를 안 읽는 것만도 못하게 되는 경우도 있답니다.

나는 오래전부터 장영실의 삶을 글로 쓰고 싶다는 생각을 해 왔습니다. 장영실은 조선 초기 세종대왕 시절에 우리의 과학 문명을 세계 제일의 수준으로 끌어올린 과학자입니다. 그런데 대부분의 위인전은 장영실을 신비로운 인물, 뛰어난 기술의 천재로만 그리고 있습니다.

과연 그럴까요? 나는 이런 의문을 가지고 장영실에 대해 공부를 했습니다. 그러면서 장영실이야말로 끊임없는 노력으로 자신의 낮은 신분을 딛고 일어선 사람임을 알았습니다. 장영실이 있었기에 우리의 문화가 활짝 꽃피었음도 깨닫게 되었습니다.

하지만 장영실에 대한 기록이 별로 없기에, 아버지에 대한 내용을 비롯하여 어떤 부분은 조금 남아 있는 기록을 토대로 새롭게 구성해 보았습니다.

이렇게 해서 새롭게 알아낸 장영실은 자신의 불리한 처지와 어려운 환경을 딛고 일어나서 훌륭한 과학자가 된 역사적 인물입니다. 여러분도 이 책을 즐겁게 읽고, 장영실처럼 자신의 꿈을 이루기 위해 노력하는 씩씩한 사람이 되어 주면 좋겠습니다.

북한한이 바라보이는 서재에서
고정욱

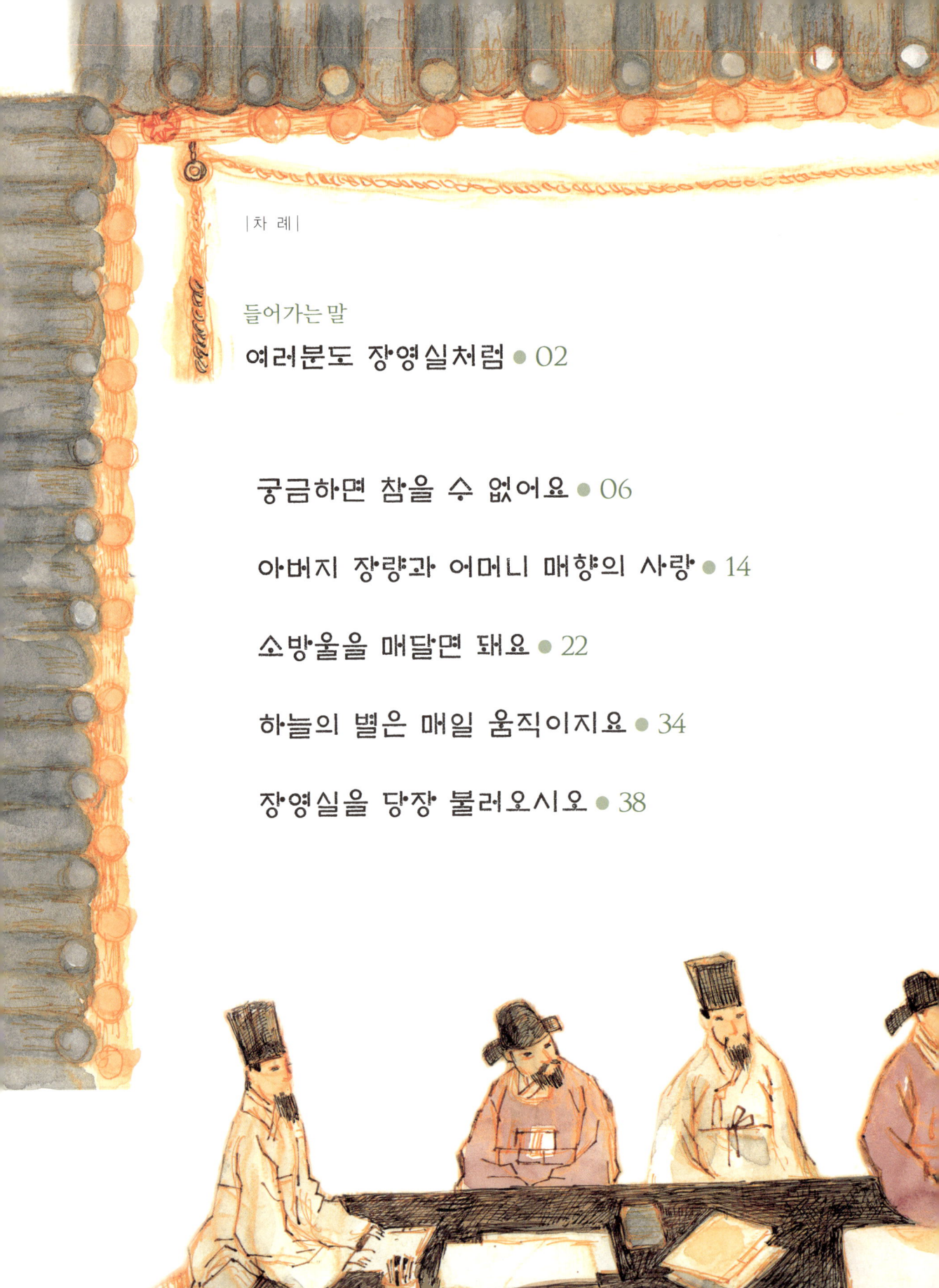

|차 례|

들어가는 말
여러분도 장영실처럼 ● 02

궁금하면 참을 수 없어요 ● 06

아버지 장량과 어머니 매향의 사랑 ● 14

소방울을 매달면 돼요 ● 22

하늘의 별은 매일 움직이지요 ● 34

장영실을 당장 불러오시오 ● 38

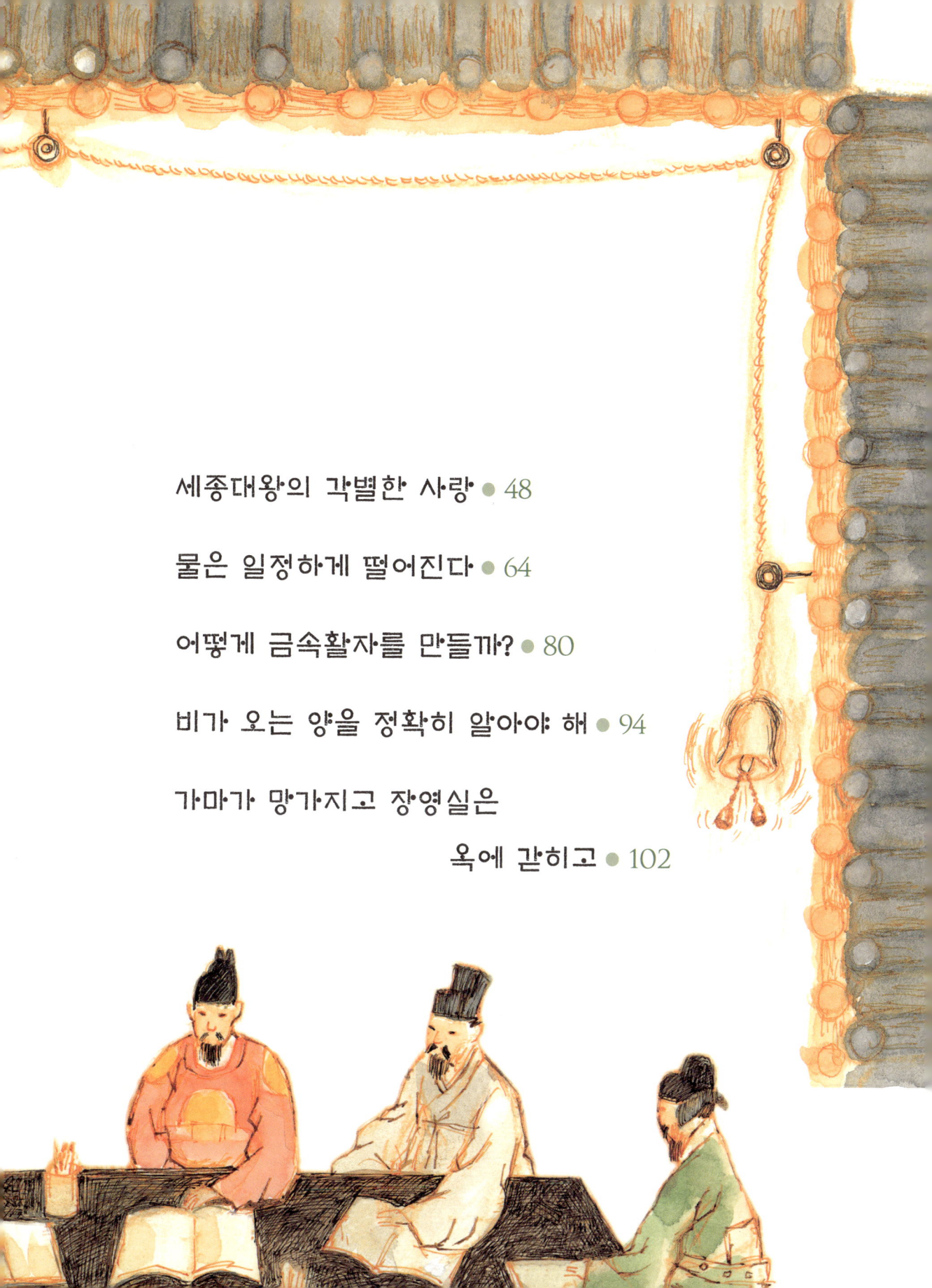

세종대왕의 각별한 사랑 ● 48

물은 일정하게 떨어진다 ● 64

어떻게 금속활자를 만들까? ● 80

비가 오는 양을 정확히 알아야 해 ● 94

가마가 망가지고 장영실은
            옥에 갇히고 ● 102

궁금하면 참을 수 없어요

"아버지, 그 물건 이름이 무엇이었지요?"

"무엇을 말하는 게냐?"

"그 동그란 유리 안에서 바늘 같은 게 움직이는 거요."

"아, 지남철(指南鐵)을 말하는가 보구나."

'지남철······?'

영실의 눈이 반짝반짝 빛났습니다.

"쟤는 누굴 닮아서 물건 만지고 고치는 데 관심이 많을까요? 하루 종일 그러고 있어도 지칠 줄 모르니······."

곁에서 영실을 바라보며 어머니가 말했습니다.

"그 지남철 한 번만 더 보여 주세요. 아버지께 혼날까 봐 조금밖에 못 만져 봤거든요."

"허허, 녀석도⋯⋯. 그건 이미 팔았단다. 며칠 뒤에 다른 걸로 구해다 주마."

약속을 받아 낸 영실은 다음 날부터 장사 나간 아버지 장량이 돌아올 날만 손꼽아 기다렸습니다.

"영실아, 있니?"

아버지 목소리를 듣자마자 영실은 부리나케 뛰어나갔습니다. 발보다 마음이 급해 하마터면 넘어질 뻔했습니다.

사흘 만에 돌아온 아버지의 손에는 약속대로 지남철이 들려 있었습니다.

"와, 이거 정말 제가 막 만져도 돼요?"

"그럼. 그런데 영실아, 미안하다. 망가진 거야."

"전혀 쓸 수 없는 거예요?"

"그렇지는 않아. 조금만 손을 보면 쓸 수 있을 거야. 너라면 문제없이 고칠 것 같구나."

영실은 아버지에게서 망가진 지남철을 받았습니다.

시계 바늘 모양의 자석이 접시처럼 둥근 나무통 안에 들어 있었습니다.

"자. 이게 동서남북을 가리키는 방위란다. 여기 이 바늘이 뱅글뱅글 돌다가 남쪽을 가리키는 거야. 그런 뜻에서 지남철이라고 하는 거고."

"영실아, 밥이나 먹고 시작해라. 너는 그런 거만 잡으면 밥도 안 먹잖니."

어머니가 밥상을 들여왔습니다.

영실은 한 손으로는 밥을 먹으면서도, 다른 손과 눈은 지남철에서 떨어질 줄 몰랐습니다.

"영실아. 얼른 밥 먹어!"

어머니의 큰 소리에, 한눈팔던 영실은 다시 숟가락 가득 밥을 떠서 입에 넣었습니다.

"원. 녀석도······."

어머니는 어쩔 수 없다는 듯 그냥 웃고 말았습니다.

"여보, 이번엔 더 오래 계실 건가요?"

"곧 떠나야 하오. 이번에 가면 언제 올지 모르겠소."

어머니는 밥이 넘어가지 않았습니다. 두 사람 사이에 침묵이 흘렀습니다. 마파람에 게 눈 감추듯 밥을 다 먹은 영실은 벌써 방 한구석에 지남철을 뜯어 펼쳐 놓았습니다. 그리고 요리조리 살피며 손보기 시작했지만 쉽게 고칠 수는 없었습니다.

"영실아, 너는 손재주가 있으니까 찬찬히 하면 금방 고칠 게야. 조금만 손을 보면 새것만큼 비싸지는 않지만, 어느 정도 값을 받고 팔 수가 있단다."

"제가 한번 해 볼게요."

며칠 뒤, 아버지는 다시 먼 길 떠날 준비를 했습니다. 배를 타고 중국까지 가서 물건을 사고파는 게 영실의 아버지가 하는 일이었습니다. 그랬기에 한번 떠나면 몇 달 만에 돌아오기도 하고, 길어지면 일 년 만에 돌아온 적도 있었습니다.

이번 길은 오래 걸릴 예정이었습니다.

중국으로 떠나는 날 아침, 아버지는 일찍 집을 나섰습니다.

"영실아, 건강히 잘 있거라."

"예. 그리고 지남철은 꼭 고쳐 놓을게요."

"그래, 너만 믿는다."

"여보, 몸조심하세요."

영실의 어머니 매향은 옷고름으로 눈물을 닦았습니다.

영실이 사는 곳은 부산의 동래 지방으로 바다가 가까운 곳이었습니다.

아버지가 떠날 때면 영실은 어머니와 함께 저 멀리 배가 보이지 않을 때까지 서 있었습니다. 그리고 어머니에게 아버지가 다시 오실 날을 꼭 물었습니다. 그러면 어머니는 언제쯤 오신다고 말해 주곤 했습니다.

그런데 오늘은 어머니에게 아버지가 언제 오시냐고 물을 수 없었습니다. 어머니가 영실의 손을 점점 더 꼭 쥐면서 금방이라도 울 것 같았기 때문이었습니다.

'어쩌면 아버지를 다시 볼 수 없을지도 몰라.'

영실은 어머니의 슬픈 표정을 보면서 불길한 느낌이 들었습니다.

영실은 방으로 들어갔습니다. 그러고는 아버지가 구해 온 망가진 지남철과 여러 물건들을 꺼내 놓았습니다.

'아버지가 이 지남철을 고쳐 놓으라고 하셨어.'

영실은 부지런히 물건들을 매만지기 시작했습니다.

그런 영실을 어머니가 물끄러미 바라보았습니다. 부지런히 손을 움직이는 영실이 곁에 어머니가 앉아 있는 가운데 시간이 흘렀습니다.

"어머니. 드디어 고쳤어요! 이거 보세요. 이제 이 바늘이 남쪽을 가리키죠. 아버지 말씀이 맞았어요. 제가 꼭 고칠 거라고 하셨잖아요."

기뻐하는 영실을 보고 어머니는 흐뭇하게 웃었습니다. 그리고 영실에게 말했습니다.

"영실아. 아버지 안 계시는 동안 우리 잘 지낼 수 있을 거야. 그렇지?"

영실은 고개를 끄덕였습니다. 어린 나이였지만. 영실은 어머니를 잘 보살펴 드려야겠다고 생각했습니다.

어머니와 아들은 한참 동안 손을 꼭 잡고 있었습니다.

아버지 장량과 어머니 매향의 사랑

영실의 아버지 장량은 중국 사람이었습니다. 중국과 조선을 넘나들면서 중국의 여러 신기한 물건을 조선에 파는 일을 했습니다.

어느 날, 장량은 상한 음식을 잘못 먹고 탈이 나 길가에 쓰러져서 신음을 했습니다.

"으음! 음!"

계속 구역질이 나서 먹은 것을 다 토해 냈습니다. 더 이상 토할 것이 없어 신물이 다 나왔습니다.

"사, 살려 주시오!"

장량이 도움을 청했지만 말이 통하지 않아서 그런지, 길 가던 사람들은 그냥 지나쳐 갈 뿐이었습니다. 장량은 그만 정신을 잃고 쓰러졌습니다.

얼마나 지났을까요? 어디선가 아리따운 목소리가 들려왔습니다.

"여보세요, 괜찮으세요?"

간신히 눈을 떠 보니 녹색 저고리에 붉은 치마를 입은 여인이 장량을 깨우고 있었습니다.

"사, 살려 주시오!"

그러나 여인은 난처한 얼굴로 장량을 쳐다보았습니다. 알아들을 수 없는 중국 말이었습니다.

'무슨 말일까? 잘 모르겠는걸. 하지만 몹시 아픈 게 분명해.'

여인은 장량의 창백한 얼굴과 배를 움켜쥔 모습을 보고 배탈이 났을 거라고 짐작했습니다. 그래서 황급히 품 안에서 약을 꺼냈습니다.

"자, 꼭꼭 씹어서 삼키세요."

여인은 장량에게 손짓으로 먹는 시늉을 하며 약을 가리켰습

니다. 장량은 시키는 대로 약을 입에 넣고 씹었습니다. 쓴 약이 목구멍으로 넘어가자 이내 구역질이 멈추기 시작했습니다.

그리고 조금 쉬니까 휘청거리던 다리에도 차차 힘이 생기면서 조금은 걸을 수 있게 되었습니다.

여인은 장량을 부축해서 어딘가로 데려갔습니다. 그들이 다다른 곳은 동래의 관청이었습니다.

"자, 이쪽으로 오세요."

여인이 이끄는 대로 관청 뒤로 돌아가니 자그마한 문이 있었습니다. 화려한 옷을 입은 여인네들만 드나드는 것을 보고 장량은 이상하다고 느꼈습니다.

여인은 그를 데리고 문 안으로 들어가 방에 누워서 쉬게 했습니다.

"잠시 기다리세요."

여인은 밖으로 나가더니 조금 뒤 따끈한 숭늉을 끓여다

마시게 해 주었습니다.

그러자 장량은 기운이 나서 몸을 일으킬 수 있었습니다. 말이 통하지 않으니 어떻게 자기 생각을 전할 수 있을까 생각하며 장량은 주위를 둘러보았습니다.

방 한구석에 붓과 벼루가 보였습니다. 장량은 이것을 가져다가 한자로 글을 썼습니다.

고맙소.

매향은 붓으로 쓴 글씨를 보고 슬며시 웃음을 지었습니다. 매향은 장량에게서 붓을 받아 그 글에 답을 했습니다.

**고맙긴요. 길에 쓰러진 사람을
돌보는 것은 당연한 도리입니다.**

**수많은 사람들이 지나갔지만
아무도 도와주지 않았소.**

말이 통하지 않아서일 것입니다.

그런데 이곳은 어디요?

그 질문에 매향은 잠시 머뭇거리는 듯하다가, 다시 글을 썼습니다.

여기는 관청에 딸린 기생들이 지내는 곳입니다.

장량은 여인을 다시 바라보았습니다.

둘은 이렇게 글로 서로 이름을 묻고 이야기를 나누었습니다. 장량은 매향도 기생이라는 것을 알았지만. 직접 묻지는 않았습니다.

장량은 따뜻한 마음씨를 가진 매향에게 온통 마음이 쏠리고 있었습니다.

그 뒤. 장량은 조선에 올 일이 있으면 매향을 꼭 만나고 갔습니다. 이렇게 그들의 사랑은 점점 무르익어 갔습니다. 그리고 한 해가 지나 그들 사이에서 영실이 태어났습니다.

장량과 매향에게 아들 영실이 태어나서 무럭무럭 잘 자라는 것은 큰 기쁨이었습니다.

장량은 영실에게 중국에서 가져온 신기한 장난감이나 물건 들을 선물로 주었습니다.

이런 것을 보고 만지면서 자란 영실은 언제나 물건을 고치거나 다듬는 일을 즐겨 했습니다.

손재주가 뛰어난 영실이기에 장난감 같은 것도 스스로 만들어 놓았습니다. 새로운 물건을 보게 되면 꼼꼼히 살폈습니다. 잘 모르는 것은 몇 번이나 뜯었다 붙였다를 반복해서라도 꼭 그 원리를 알아내어 머릿속에 담아 놓았습니다.

그래서 어떤 물건이든 한 번 보면 그 얼개를 이해해 감쪽같이 고쳐 놓곤 했던 것입니다.

아버지 장량은 이렇게 영리한 영실에게 많은 것을 가르쳐 주고 싶었을 겁니다.

그러나 이후로 영실은 아버지 없이 어머니와 생활해야 했습니다. 중국에 간 아버지가 영영 돌아오지 않았기 때문입니다.

소방울을 매달면 돼요

 열 살이 되자 영실은 관청의 심부름을 했습니다. 기생인 어머니에게서 태어난 영실도 역시 관청에서 일을 해야 하는 천한 노비 신분이었기 때문입니다. 관청에는 사또를 비롯해서 이방, 호방, 예방 등 사또를 도와주는 아전들이 많이 있었습니다. 그 사람들은 영실을 보면 늘 잔심부름을 시키곤 했습니다.
 "영실아, 물 좀 떠 오너라."

"영실아. 마당 좀 쓸어라."

하지만 어린 영실은 그런 일을 싫다 하지 않았습니다. 영실은 자기에게 주어진 일을 머리를 써서 되도록이면 빠르게 해냈습니다. 일을 모두 끝내고 나면 자신만의 시간을 얻을 수 있었기 때문입니다.

영실은 시간이 날 때마다 광 한구석에 만들어 둔 작업실에 들어가서 이것저것 뚝딱거려 무엇인가를 만들었습니다. 그 시간 동안은 흥겨워 콧노래가 저절로 나오곤 했습니다.

그러던 어느 날이었습니다.

"도대체 왜 시킨 일을 제대로 하지 않느냐?"

 마당에서 호통 치는 소리가 들렸습니다. 무슨 일인가 하여 영실은 가만히 살펴보았습니다. 노비들이 이방에게 야단을 맞고 있었습니다.

 "아까 분명히 사또께서 신으실 신발을 준비하라 하지 않았더냐? 그런데 왜 아직까지 준비가 안 된 것이야?"

노비들이 말했습니다.

"못 들었습니다요, 나리. 용서하십시오."

"뭘 잘했다고 핑계야! 당장 신발을 깨끗이 닦아서 대령하지 못할까!"

"예, 예."

호되게 야단치는 이방 앞에서 노비들은 쩔쩔맸습니다.

이방이 씩씩대며 간 뒤에 노비들은 문밖으로 나왔습니다.

"아휴, 이 넓은 관아에서 이방 어르신이 부르시는 소리를 어떻게 듣고 빨리 쫓아간단 말이야?"

"글쎄 말이야. 일이 바쁘면 잘 들리지도 않는데······."

"그러게. 바빠 죽겠는데, 무슨 일을 시킬까 눈치만 보고 있을 수도 없고."

장영실은 생각했습니다.

'소리를 질러서 노비들을 부르는 것 말고 다른 방법은 없을까?'

영실은 그 문제로 한참을 궁리했습니다.

그러던 영실에게 좋은 생각이 났습니다.

"그래, 바로 그거야."

다음 날, 영실은 아침 일찍 노비의 우두머리인 돌석 아저씨를 찾아갔습니다.

"아저씨!"

"왜 그러니, 영실아?"

"아저씨가 어제 이방 어르신께 야단맞는 것을 보았습니다."

"그랬느냐?"

"예. 그래서 제가 생각해 낸 건데요."

"뭘 생각했느냐?"

"사또가 계신 곳에서 우리 관노들이 있는 곳까지 끈을 연결해서 방울을 매달면 어떻겠습니까?"

"방울을 매달아?"

"예. 그래서 끈만 당기면 저희들이 소리를 듣고 바로 달려갈 수 있게요."

"호. 그거 좋은 생각이기는 하다만. 누가 그것을 한단 말이냐?"

"제가 한번 해 보겠습니다."

"네가? 정말 책임지고 할 수 있겠니?"

"예."

"그럼 내가 이방 나리께 여쭈어 보겠다."

그날 오후, 이방이 영실을 불렀습니다.

"네가 영실이냐?"

"예."

"네가 방울을 매달아서 아랫것들이 들을 수 있도록 하겠다고 했느냐?"

"예. 제가 돌석 아저씨께 말했습니다."

"음, 그거 좋은 생각이다. 어디 한번 해 보아라."

"그럼 내일부터 시작하겠습니다."

다음 날부터 영실은 줄자를 가지고 다니면서 관청 곳곳의 길이를 재고 그림을 그렸습니다. 하루 종일 일하고 있는 영실에게 친한 친구 석영이가 다가와 물었습니다. 석영이 역시 관노였습니다.

"영실아, 뭐 하니?"

"응, 사람 부르는 종을 매달아 볼 생각이야."

"어떻게 할 건데?"

"응, 조금만 기다려. 곧 보게 될 거야."

영실은 가느다랗게 새끼줄을 꼬기 시작했습니다. 삼실과 피륙 조각도 함께 꼬아 아주 질기고 튼튼한 새끼줄이 되었습니다.

"다 됐다!"

온종일 가늘고 쫀쫀하게 새끼줄을 꼰 영실은 이방이 머무는 방에서부터 관노들의 처소에까지 기다랗게 새끼줄을 연결했습니다. 처마 밑을 따라서 새끼줄을 돌리고, 꺾어진 곳에는 조금 느슨하게 줄을 매달았습니다. 그러고는 그 부분마다 도르래를

달았습니다. 관노들의 처소에 매달려 있는 소방울에는 추를 달았습니다. 추의 무게 때문에 끈이 팽팽하게 내려뜨려져 있었습니다.

"석영아, 당겨 봐!"

"응."

석영이가 새끼줄을 힘껏 당겼습니다.

"덜그렁, 덜그렁!"

소방울이 무겁게 움직였습니다.

"성공이다, 성공!"

사람들이 소방울 소리를 듣고 몰려왔습니다. 석영이는 신나서 연달아 잡아당겼습니다. 그 소리에 모두들 신기해했습니다.

어느새 이방도 와 있었습니다.

"이방 나리, 줄을 한번 당겨 보세요."

"어디 한번……."

영실의 말에 이방 나리는 점잖게 다가가 새끼줄을 힘껏 당겼습니다.

"덜그렁, 덜그렁!"

역시 소방울은 기분 좋게 울렸습니다.

이방은 흐뭇한 표정으로 말했습니다.

"허. 녀석. 재주가 제법일세?"

"나리. 더 좋은 방울을 달면 소리가 예쁠 테지만. 아쉬운 대로 아랫것들 부를 일이 있으시면 이 줄을 당기십시오."

"알았다. 앞으로 이 끈을 당기면 너희들이 바로 달려오는 것이냐?"

"그렇습니다. 나리."

관노들은 모두 기뻐했습니다. 이제는 부르는 소리를 못 들었다고 불려가 호되게 야단맞을 일이 없기 때문입니다.

그 뒤. 영실은 이런 새끼줄을 여러 개 달았습니다. 이방. 호방. 예방. 병방. 형방. 공방 여섯 나리에게 각자의 새끼줄이 생겼습니다. 언제고 새끼줄이 당겨지면. 누가 불렀는지 알고 재빨리 달려갈 수 있게 된 것입니다. 그때부터 동래현의 관노들은 이런 문제 때문에 야단맞을 일이 없게 되었고. 이방이나 높으신 분들도 목청 높여 사람을 부를 필요가 없어졌습니다.

"영실이가 손재주가 대단하네."

"글쎄 말이야. 아주 영특해."

"어려서부터 새로운 물건을 만들고 고치기를 좋아했다는군."

"하여간 재주꾼일세."

그때부터 영실은 손재주가 있는 아이로 동래현에서 유명해졌습니다.

"영실아, 이건 우리 조상 대대로 내려오던 물건인데 제발 좀 고쳐 다오."

"아니다. 내 것부터 좀 고쳐 줘."

영실이 새로운 발명도 잘하지만, 망가진 물건도 잘 고친다는 소문이 온 고을에 퍼졌습니다. 그러자 사람들이 너도나도 물건들을 들고 와서 고쳐 달라고 했습니다.

"낮에는 제가 관청의 일을 보아야 하니 놔두고 가십시오. 밤에 고쳐 놓겠습니다."

영실은 해가 져도 편히 쉴 수 없었습니다. 고을 사람들이 맡긴 물건들을 손봐 주어야 했기 때문입니다.

하늘의 별은 매일 움직이지요

"석영아, 너 오늘 나랑 같이 간다고 했지? 빨리 나와."

영실은 낮에 일하면서 짬짬이 물건들을 고쳐 주고도, 밤에 편히 잠을 자지 않았습니다. 매일 밤 뒷산에 올라가곤 했습니다. 오늘은 친구인 석영이가 따라나섰습니다.

"영실아, 도대체 왜 뒷산에 올라가는 거야?"

"별을 봐야지."

"별은 오늘도 뜨고 내일도 똑같이 뜨는데. 왜 매일매일 봐야 하니? 아무 때나 보고 싶으면 얼마든지 볼 수 있잖아."

"그렇지 않아."

영실은 뒷산 풀밭에 누워서 밤하늘의 별을 보며 말했습니다.

"내가 여기에서 별을 관찰한 지 벌써 일 년이 다 되어 가거든. 자, 이걸 봐."

영실은 품에서 쪽지 한 장을 꺼냈습니다.

"이게 뭐야?"

희미한 달빛에 비춰 본 종이에는 별들의 위치가 자세히 그려져 있었습니다.

"내가 별을 관찰할 때는 항상 저기 있는 저 섬을 기준으로 한단다."

과연 그림을 보니 동래 앞바다 학섬을 중심으로 별자리들이

그려져 있었습니다.

"이 별자리들이 날마다 조금씩 움직이다가 일 년에 한 번 완전히 제자리에 돌아오는 거야."

"정말?"

"그럼. 겨울이 되면 새로운 별들이 하늘에 나타나지."

"참. 놀랍구나. 그럼 넌 겨울에도 나와서 별자리를 살펴보았단 말이야?"

"응. 별은 일 년 내내 살펴야 해. 별자리를 보고 하늘을 살피면 우리가 어떠한 시간의 흐름 속에서 살아가는지 잘 알 수 있어."

영실은 이처럼 오래전부터 하늘을 매일매일 살피며 우주의 흐름을 읽고 있었던 것입니다.

"그런 공부가 왜 필요한데?"

"별자리를 살펴서 흐름을 알면 계절의 변화를 알 수 있어. 그래야 농사를 짓는다거나 물고기를 잡는 것을 비롯해서 우리들이 어떻게 살 것인가를 알고 미리 준비할 수 있지."

"그렇구나."

"다가올 일을 미리 내다보고 준비한다면 훨씬 더 편안하게 살 수 있지 않겠니?"

영실은 이렇게 어려서부터 천문을 살피고 관찰하는 일에도 관심을 갖고 열심이었습니다.

소년이었던 영실은 점점 건장한 청년이 되어 갔습니다.

장영실을 당장 불러오시오

이때의 임금님은 조선을 문화의 나라로 만든 세종대왕이었습니다. 세종대왕은 학문을 중요하게 여겼습니다. 새로운 문화정치를 펴면서 과학자들을 귀하게 여겼습니다.

"천문과 기상을 잘 알아야 농사를 잘 지을 수 있겠다."

세종대왕은 어떻게 하면 가난에 허덕이는 백성들을 배불리 먹일 수 있을지 늘 궁리했습니다.

조선은 아직까지 생긴 지 오래되지 않아서 나라가 안정되지 않은 상태였습니다. 조선 시대에는 농사를 잘 지어야만 나라가 부강해질 수 있었습니다. 세종대왕은 나라를 안정시키려면

농사를 잘 지어서 백성들이 배불리 먹을 수 있게 해야 한다고 생각했습니다. 그래서 농업 기술과 과학 기술도 발전시켰습니다.

세종대왕은 또한 백성들이 무지하여 비참한 생활을 해서는 안 된다고 생각하여, 백성들을 가르치고 깨우치기 위해 한글을 창제했습니다. 이러한 생각은 집현전의 학자들을 통해서 이루어질 수 있었습니다. 그리고 예술도 장려하고, 김종서 장군을 시켜 북쪽 영토도 넓혔습니다.

이렇듯 세종대왕에 이르러 우리나라는 민족 국가의 기틀을 마련할 수 있었던 것입니다.

농사를 중요하게 여기던 세종대왕은 천문학자들을 한양에서 가까운 몇몇 고을의 수령으로 임명했습니다. 지금의 서울이 조선 시대에는 한양으로 불렸습니다.

"전하, 천문학자 같은 미천한 자들을 수령으로 임명하심은 옳지 않습니다."

"맞습니다. 양반들만이 수령이 될 수 있습니다."

신하들은 너도나도 줄줄이 나서서 반대했습니다.

당시 조선은 사농공상(士農工商)이라 하여, 직업에 따라 신분

을 나누었습니다.

사(士)는 양반입니다. 벼슬을 하고 글을 읽는 당시 최고의 지배층입니다.

농(農)은 농사를 짓는 일반 백성입니다. 두 번째 신분을 가지고 있었습니다.

공(工)은 세 번째 신분입니다.

바로 장영실처럼 무엇인가를 만들어서 먹고사는 사람을 말합니다.

상(商)은 장사를 하는 사람으로서 가장 낮은 신분을 가진 사람이었습니다.

천문학자들은 벼슬을 할 수

있는 양반이 아닌 중인 신분이었습니다. 농사 짓는 일반 백성보다는 높지만, 양반보다는 낮은 신분이었습니다.

"그건 경들이 모르는 소리요. 한 지방의 수령이라는 것이 무엇이오? 백성들에게 도움을 주고 그들이 더욱 편안하게 살도록 해 주는 사람들이 아니오?"

"그, 그렇습니다."

"천문학자들도 날씨와 천문 기상을 살펴 우리에게 도움을 주는 사람 아니오. 그런데 왜 벼슬을 할 수 없단 말이오?"

"……."

기를 쓰고 반대하던 신하들은 입을 다물었습니다.

"벼슬을 꼭 양반들만 해야 한다는 법이 있소? 그러니 그들에게도 벼슬을 주는 것이 마땅하오."

세종대왕은 반대하는 신하들을 물리치고 마침내 천문학자들에게 벼슬을 주었습니다. 그러고는 당부했습니다.

"그대들은 늘 천문을 잘 살펴서, 하늘에 이상이 있거나 잘못된 일이 있으면 즉시 나에게 알리도록 하시오."

"예, 알겠습니다."

세종대왕은 공부하는 것을 무척 좋아하고, 역사와 문화를 사랑한 왕입니다. 세종대왕은 과학 기술 분야에도 큰 관심이 있었습니다. 세종대왕은 훌륭한 일을 해낼 만한 인격과 능력을 갖춘 분이었습니다. 물론 세종대왕이 오늘날 훌륭한 유산과 업적을 남길 수 있었던 것은 뛰어난 신하와 학자 들이 옆에서 많이 도와주었기 때문이지요.

세종대왕은 나라의 일을 하는 데 있어 신분은 그리 중요하지 않다고 생각했습니다. 그렇기 때문에 다른 신하의 반대도 물리치고 천문학자들을 수령으로 임명했던 것입니다.

　남양부사 윤사웅과 부평부사 최천구. 이 두 사람은 당시의 유명한 천문학자였는데 세종대왕의 보살핌으로 벼슬을 할 수 있었습니다. 그것뿐만이 아니었습니다. 세종대왕은 그들에게

해마다 옷도 보내 주고, 술도 매달 다섯 병씩 보내 주는 은혜를 베풀었습니다. 이를 본 다른 신하들은 놀라지 않을 수 없었습니다.

그렇게 한 지 일 년이 지나서의 일입니다. 세종대왕은 천문학자들을 불렀습니다.

"자, 오늘은 우리 모두 천문 연구한 것을 이야기해 보도록 합시다."

세종대왕은 신하들과 함께 앞으로의 날씨와 농사에 대해서 토론을 벌였습니다.

"하늘에서 돌아가는 별들의 움직임을 관측할 수 있는 기계가 있으면 참 좋겠소. 중국에는 그런 것이 있소?"

"예, 중국 것이 있기는 합니다마는, 우리나라의 천문과는 잘 맞지 않사옵니다."

"중국과 우리나라는 멀리 떨어져 있어서 그렇사옵니다."

세종대왕은 잠시 생각을 했습니다.

"그럼, 우리의 것을 새로 만들면 되지 않겠소?"

"옳으신 말씀입니다."

"그런데 왜 만들지 않소?"

"아뢰옵기 황송하오나, 우리에겐 그러한 것을 만들어 낼 만한 기술이 없사옵니다."

남양부사 윤사웅이 머리를 조아리며 말했습니다.

그때, 최천구가 놀라운 이야기를 했습니다.

"전하, 제가 듣기로는 동래현에 있는 관노 장영실이 수년 전부터 천문 기상을 관측해 왔다 하옵니다."

"호오, 관노가?"

"예, 그렇습니다. 뿐만 아니라, 별이나 달을 관찰하는 기구도 몇 가지 만든 게 있다는 손재주 있는 자이옵니다."

세종대왕은 갑자기 희망이 생겼습니다. 그런 정도의 기술을 가지고 있는 자라면 우리나라에 맞는 새로운 천문 관측기구를 만들어 낼 수도 있을 것 같았습니다.

"그렇다면, 장영실을 당장 불러오도록 하시오."

이처럼 세종대왕은 재주도 있고 능력이 뛰어나다면 과학 발전을 위해서 신분에 상관없이 인재를 찾았습니다.

세종대왕의 각별한 사랑

"영실아, 큰일 났어!"

석영이가 한창 농기구를 고치고 있는 영실에게로 달려왔습니다.

"웬 호들갑이니?"

"어명이 내려왔어."

"어명? 누구에게?"

"너 말이야, 너."

임금님이 내리는 어명은 대부분 잘못을 저질러 큰 벌을 받는 무서운 명령이었습니다.

"난 아무 죄도 지은 적이 없는데."

영실은 난데없는 어명이 왜 자신에게 내려왔는지 몰라 가슴이 두근거렸습니다.

"떨 게 아니야. 너를 당장 한양으로 올려 보내라는 어명이니까. 사또께서 곧 부르실 거야."

아니나 다를까, 이방이 영실을 찾는 방울이 울렸습니다.

"댕그랑, 댕그랑!"

방울 소리를 듣고 영실은 달려갔습니다.

"나리, 부르셨습니까?"

"얼른 사또께 가 보아라. 어명이 내려왔다."

영실은 가슴이 뛰는 것을 느끼며 사또 앞으로 달려가 엎드렸습니다.

"영실아, 네가 그동안 열심히 기계 장치를 만든 손재주가 한양에까지 알려진 모양이다. 전하께서 당장 너를 불러오라 하시니,

너는 어서 짐을 싸서 떠나도록 해라."

"예. 알겠습니다."

대답을 했지만 영실은 어리둥절했습니다. 도대체 멀고 먼 한양의 임금님께서 어떻게 자신의 이름을 알았으며, 무슨 일로 불러올리는 것인지 알 길이 없었습니다. 그러나 한 가지 분명한 점은 더 이상 관노의 생활을 하지 않으리라는 것이었습니다.

영실은 짐을 대강 정리해 집으로 돌아갔습니다. 관기였던 어머니는 이제 나이가 들어 관가 부근에 작은 초가집을 얻어 살고 있었습니다.

"어머님, 저예요."

오랜만에 찾아가 본 어머니의 집은 초라하기 이를 데 없었습니다. 마당에는 애기똥풀이 가득 자랐고, 울타리는 이곳저곳에 구멍이 나 있었습니다. 영실의 아버지 장량은 오래전에 중국으로 가서 돌아오지 않았습니다. 영실이 관노가 되던 해에 풍랑을 만나 목숨을 잃었다는 소식만 전해 들었을 뿐입니다.

"영실이냐?"

어머니는 뒷마당에서 텃밭을 가꾸다 나왔습니다.

"어머니!"

"네가 어쩐 일이냐?"

영실의 손에 보따리가 들린 것을 보고 어머니는 놀랐습니다.

"혹시 도망친 건 아니겠지?"

관노가 도망을 가다 잡히면 큰 벌을 받았습니다. 어머니는 걱정이 가득한 얼굴이었습니다.

"어머니. 이제 우리 고생은 끝났습니다. 한양에서 어명이 내려와 저는 곧 올라가야 합니다."

"그게 무슨 말이냐?"

영실은 어머니에게 자초지종을 말씀드렸습니다.

"영실아, 정말 잘되었다. 꼭 이렇게 좋은 날이 올 줄 알았다."

기뻐하는 어머니는 이미 많이 늙어 있었습니다. 어머니는 영실이 임금님에게 불려 간다는 말을 듣고 기뻐서 눈물을 흘렸지만, 언제 다시 만날지 알 수 없었기 때문에 슬프기도 했습니다.

"올라가서 자리가 잡히는 대로 어머니를 모시겠습니다."

"오냐. 내 걱정은 말고. 가서 나라님께 최선을 다해 충성하거라."

"예, 어머니. 명심하겠습니다."

영실은 그길로 한양으로 올라갔습니다. 걸어서 열흘이 지나 도착했습니다.

궁궐로 들어간 영실은 세종대왕 앞으로 나아갔습니다.

"오, 네가 바로 동래현이 떠들썩하게 소문이 자자하던 장영실이냐?"

"예. 그렇사옵니다."

"내 너의 소문은 익히 듣고 있었다. 신기한 재주를 지녔다 하더구나."

"부끄럽사옵니다."

"너에게 조선의 이름난 천문학자들을 소개하겠다."

세종대왕은 영실에게 윤사웅과 최천구를 소개했습니다.

"네가 천문에 대하여 아는 바가 있느냐?"

"예. 많지는 않사오나 조금 압니다."

"그렇다면 이십사기에 대해 설명해 보아라."

"이십사기라 함은 하늘에 있는 태양의 위치에 따라 계절을 구분한 것입니다. 1년을 15일 간격으로 24등분하여 계절을 나누었습니다. 1개월에서 5일을 1후(候), 3후인 15일을 1기(氣)라고 하여 기후의 기초로 삼고 있습니다. 1년의 24기는 12절기와 12중기로 나누는데, 절기는 월초에 해당하고 중기는 월중에 해당합니다. 소한, 대한에서 시작하여 여름의 하지를 거쳐 소설, 대설, 동지까지 가면 한 해가 끝나는 것입니다."

"왜 달을 중심으로 하지 않고, 태양을 중심으로 나누었느냐?"

"달을 중심으로 계절을 구분하면 날짜와 계절이 자주 어긋나기 때문입니다."

"참으로 잘 알고 있구나."

세종대왕과 장영실, 그리고 천문학자들은 몇 시간 동안이나 열띤 토론을 벌였습니다.

어떤 것을 묻든, 영실은 너무도 총명하게 대답을 척척 해냈습니다.

"호, 너는 어찌 그리 천문 기상에 대해서 잘 알고 있는가?"

"어려서부터 별과 달을 꾸준히 관찰한 것이 도움이 된 듯합니다."

"무슨 기구를 가지고 관찰을 했는가?"

영실은 자신이 가지고 간 기구들을 보여 주었습니다. 혼자 고안해서 만든 기구였지만, 제법 정확하게 하늘의 별과 달을 관측할 수 있는 것들이었습니다.

"이걸로 어찌 관찰했느냐?"

"지남철로 먼저 남과 북을 찾아 자리를 잡습니다."

장영실은 간단하게 그 장치로 시범을 보였습니다.

"호, 놀라운 재주로다."

세종대왕과 그 옆에 있던 천문학자들은 모두 감탄할 수밖에 없었습니다.

"우리나라는 농사를 지을 때 해마다 가뭄과 홍수로 큰 어려움을 겪는다. 천문학이 발달해서 별들이나 날씨의 변화를 예측할 수만 있다면 이런 어려움을 지혜롭게 넘길 수 있을 것이다. 비가 많이 오는 해에는 둑을 보완하고, 비가 적게 오는 해에는 물을 아껴 쓰면 얼마든지 농사가 성공할 것이다. 농사가 잘되면 백성

들이 배불리 먹을 수 있다.”

세종대왕은 흡족한 듯 영실을 바라보며 말을 이었습니다.

“네가 비록 신분이 낮으나 재주가 민첩한 것은 어느 누구도 따를 수 없겠구나. 내 너를 중국으로 보내어 천문을 연구하게 할 것이니라.”

영실은 자신의 귀를 의심했습니다. 꿈도 꾸어 보지 못한 일이었습니다. 당시에 중국을 간다는 것은 신분이 높은 양반들에게도 쉽게 주어지지 않는 기회였습니다.

“우리보다 기술이 앞선 중국에 가서 배워 오는 것이 우리의 기술을 높이는 길이다.”

세종대왕의 명령에 따라 전국 각지에서 불려 올려진 장영실과 같은 기술자들은 견문을 넓히기 위해 중국으로 떠났습니다.

중국에 도착해서 장영실은 중국의 기술자들을 만났습니다.

“이렇게 훌륭한 분들을 뵙게 되어 정말 기쁩니다.”

“아니, 당신은 중국 사람이오?”

조선 기술자들을 맞이한 중국 사람들은 장영실의 유창한 중국어 실력에 깜짝 놀랐습니다.

"아닙니다. 저는 조선에서 온 장영실이라고 합니다. 아버님이 중국 분이셨습니다."

"오, 그래요. 정말 반갑소. 우리 말을 이토록 잘하니 우리와도 잘 통하겠구려."

"감사합니다."

중국어를 할 줄 아는 조선 사람을 만난 중국 기술자들은 기쁜 마음으로 장영실에게 여러 가지를 성의껏 가르쳐 주었습니다.

그 덕분에 같이 갔던 어느 사람들보다 장영실은 빠르게 기술을 익혔습니다. 게다가 장영실은 중국어 통역까지 도맡아서 자신의 전문 분야인 천문 이외의 금속이나 기계, 농업 등에서 조선 기술자들이 공부하는 것을 도와주기도 했습니다. 이것은 장영실이 여러 방면의 지식을 얻는 데에 큰 도움이 되었습니다.

하지만 장영실이 자기가 원하는 분야인 천문학을 충분히 익히기엔 시간이 부족했습니다. 그래서 장영실은 생각했습니다.

'전하께서 나를 뽑으신 것은 천문학을 발전시키라는 뜻일 게야. 나중에라도 천문학 공부를 좀 더 열심히 해야겠다.'

그리하여 장영실은 그때부터 천문학과 관련된 책만 보면 닥치는 대로 사서 모았습니다. 별들의 움직임을 측정하는 기구인 혼천의의 설계도를 여러 장 그려 보기도 했습니다. 그뿐만이 아니었습니다. 장영실은 정확한 시계를 만드는 방법에도 큰 관심을 가지고 있었습니다.

'시계가 없으니 하루의 시간을 잘 알지 못한다. 정확한 시계만 있다면 얼마든지 시간을 알아 편리하게 살 수 있을 거야.'

중국에 간 지 일 년 만에 장영실은 조선 땅으로 돌아왔습니다.

"오, 영실이. 그래, 중국에서는 어떠하였느냐?"

"예, 전하. 성은이 망극하게도 참으로 많은 것을 보고 배우고 왔습니다."

"듣자 하니 그대는 중국어를 능통하게 해서 남들보다 더 많은 기술을 익혔다고?"

"부끄럽사옵니다. 아비가 중국 사람이었던 탓으로 그런 덕을 보았습니다."

"훌륭하다. 내 크게 기대하겠노라."

"예. 이 몸이 쓰러지는 한이 있더라도 최선을 다하겠습니다."

세종대왕의 총애를 받게 된 장영실은 마침내 종의 신분에서

벗어났습니다. 궁중에 머물면서 물건을 만들고 천문을 연구하는 어엿한 과학자가 되었던 것입니다.

그 당시 최고의 발명가는 이천이었습니다. 당시 참판이었던 그는 장영실의 뛰어난 재능과 능력을 알고 있었습니다.

세종대왕을 뵙고 나온 영실에게 이천은 격려의 말을 아끼지 않았습니다.

"열심히 해서 전하의 은혜에 보답하도록 하게."

"예. 명심하겠습니다."

영실은 고향으로 내려가서 어머니를 모시고 한양으로 올라왔습니다. 혼자 고생하시는 어머니 때문에 항상 마음을 쓰던 영실은 한시름 놓게 되었습니다.

물은 일정하게 떨어진다

"그래, 가장 먼저 무엇을 만들어 볼 생각인가?"

세종대왕은 중국에서 새로운 문물을 익히고 돌아온 장영실에게 거는 기대가 대단했습니다. 그래서 자주 불러다 그가 하는 연구에 대해 묻곤 했습니다.

"먼저 시계를 만들어 볼까 합니다."

"시계?"

"예. 정확한 때를 알아야 농사를 제때 짓고 시간을 낭비하지 않는 생활을 할 것이옵니다."

"그렇지."

"그래서 우리의 실정에 맞는 시계를 만들 생각입니다."

"중국에도 시계가 있지 않던가?"

"예. 있긴 있사오나 중국에서 만든 시계는 우리의 형편에 맞지 않사옵니다."

"어째서 그런가?"

"중국은 땅의 위치가 우리와 달라 우리 시간과 맞지 않습니다. 그래서 우리의 실정에 맞는 시계를 만들 것입니다."

당시에는 해시계가 있었습니다. 둥그렇게 원을 그려 놓고 가운데에 막대기를 꽂으면 해의 움직임에 따라 그림자의 위치가 바뀌어 시간을 알 수 있었던 것입니다.

"그럼 해시계와 비슷한 것인가?"

"아닙니다. 해시계는 햇빛이 없을 때는 아무 소용이 없습니다. 그리고 추운 겨울이나 해가 짧은 가을과 겨울에는 그림자의 길이도 늘 다르고 해가 뜨고 지는 시간도 다릅니다."

"그래. 일 년 내내 쓸 수 있는 시계가 필요하지."

"그래서 저는 다른 시계를 만들고자 합니다."

세종대왕은 그런 장영실이 믿음직했습니다.

"꼭 성공하기 바라네."

장영실은 쉬지 않고 정확한 시계를 만들 궁리를 했습니다. 시계를 만들려면 무엇보다도 변함없이 일정하게 움직이는 것이 있어야 합니다.

"무엇이 일정하지?"

장영실은 만나는 사람마다 붙잡고 물었습니다.

"그야 해와 달이 일정하지 않나? 같은 시간에 떠서 같은 시간에 지니까."

"일정한 건 흐르는 강물일세."

"진짜 일정한 건 사람의 마음일세."

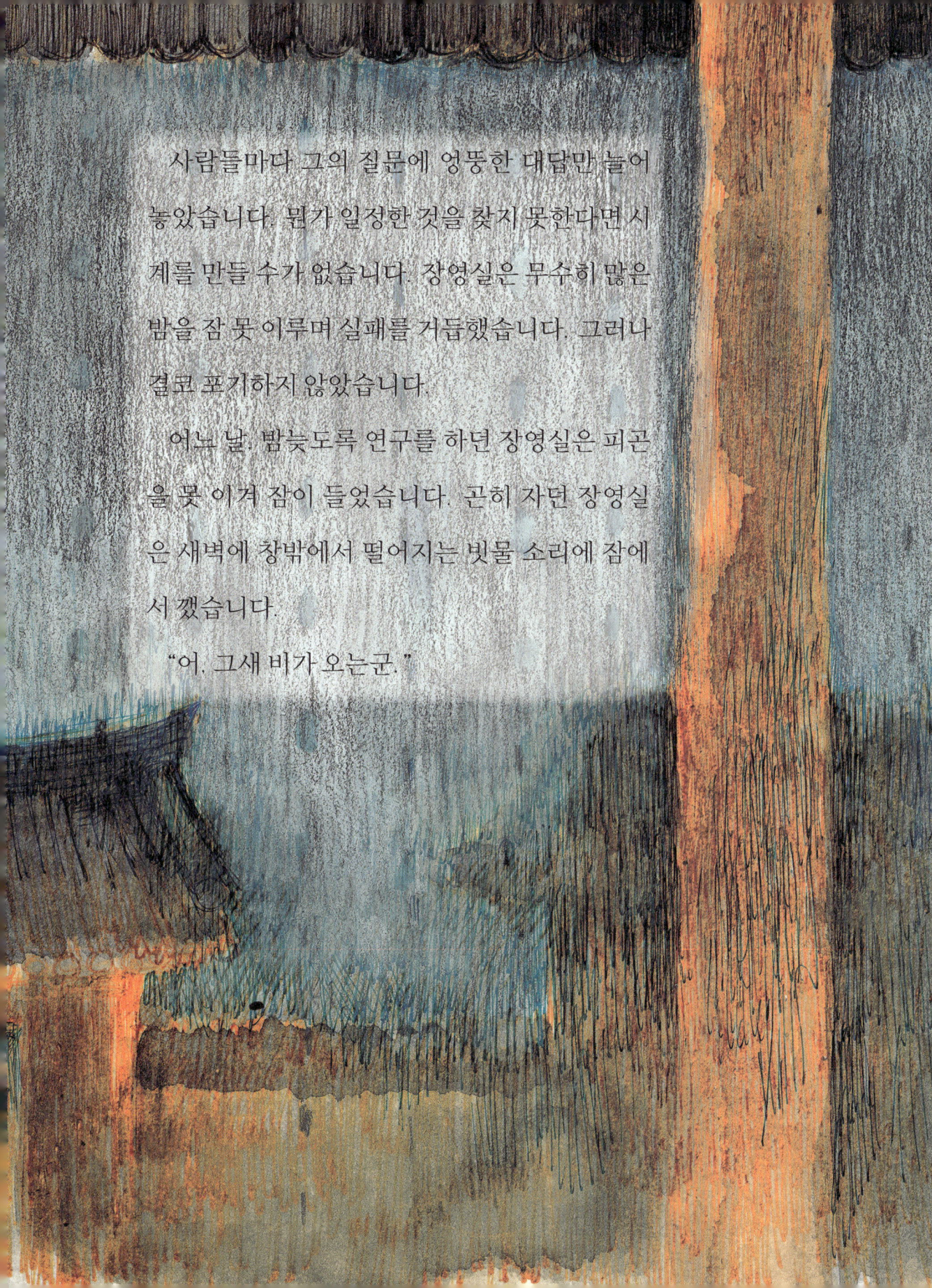

사람들마다 그의 질문에 엉뚱한 대답만 늘어놓았습니다. 뭔가 일정한 것을 찾지 못한다면 시계를 만들 수가 없습니다. 장영실은 무수히 많은 밤을 잠 못 이루며 실패를 거듭했습니다. 그러나 결코 포기하지 않았습니다.

　어느 날, 밤늦도록 연구를 하던 장영실은 피곤을 못 이겨 잠이 들었습니다. 곤히 자던 장영실은 새벽에 창밖에서 떨어지는 빗물 소리에 잠에서 깼습니다.

　"어, 그새 비가 오는군."

장영실은 피곤한 몸을 이끌고 찬 바람을 쐬기 위해 밖으로 나갔습니다.

"아, 어떻게 해야 정말 정확한 시계를 만들 수 있단 말인가?"

장영실은 추녀 밑에 서서 내리는 비를 오래도록 구경하고 있었습니다. 빗물은 방울방울 기왓골을 타고 흘러내렸습니다. 그러고는 추녀에서 떨어져 땅바닥에 스며들었습니다. 기왓골의 수만큼 땅바닥에는 빗물이 파 놓은 구멍이 나 있었습니다. 어느새 비가 멎기 시작해 기왓골에서 흐르는 물은 방울로 맺혀 떨어져 내리고 있었습니다.

"앗, 저건……"

무심히 이 광경을 바라보던 장영실은 순간 깜짝 놀랐습니다.

"맞아! 큰 통에 물을 담고 작은 구멍을 내는 거야. 그 물은 일정하게 떨어지겠지. 그러면 모인 물로 시간을 잴 수 있을 거야."

장영실은 그 원리를 이용해 곧 시계를 만들기 시작했습니다. 물시계였습니다. 물시계란 물을 일정하게 떨어뜨려서, 그 물의 양이 찼을 때마다 시간을 계산하는 것입니다.

"전하! 드디어 시계를 만들었사옵니다! 시간이 일정하고 해가 없어도 늘 정확한 시간을 스스로 알려 주는 것입니다."

세종대왕은 장영실이 만든 이 새로운 발명품을 꼼꼼히 살펴보았습니다.

"이건 어떤 원리로 움직이는 것이오?"

"예. 설명드리겠습니다."

장영실은 자랑스럽게 물시계의 원리를 설명했습니다.

세종대왕은 크게 기뻐했습니다. 이 시계를 여러 개 만들어 방방곡곡에 설치한다면, 온 백성이 정확한 시간을 알게 될 것이기 때문입니다. 또한 정확한 시간을 알게 된다면 농사도 더욱 잘 지을 수 있을 것입니다.

"내 그대의 공을 높이 사서 또 다른 벼슬을 내리리라!"

세종대왕은 그 전부터 장영실에게 상의원 별좌라는 벼슬을 주기로 마음먹고 있었습니다. 상의원이란 임금의 의복과 궁내의 일용품 및 보물 따위를 관리하던 관청입니다. 하지만 처음에는 신하들의 반대로 뜻을 이루지 못했습니다.

"전하! 영실은 기생의 아들이옵니다. 그런 천한 자에게 높은 벼슬을 줄 수는 없습니다."

이조판서 허조의 말이었습니다. 이 문제로 신하들 사이에 말다툼이 벌어지자, 세종대왕은 장영실에게 벼슬 주는 일을 미룰 수밖에 없었습니다. 그만큼이나 당시에는 신분에 대한 차별이 심했던 것입니다.

하지만 장영실이 물시계를 만들어 낸 것은 누구도 무시할 수 없는 큰 공로였습니다. 이번에는 신하들도 마냥 반대할 수가 없었습니다. 장영실은 드디어 어엿한 벼슬아치 과학자가 되어, 혼의성상도감이라는 관청에서 마음 놓고 발명에 전념할 수 있게 되었습니다.

"어머니, 이번에 제가 상의원 별좌 벼슬을 받았습니다."

"오, 장하다, 내 아들. 이 어미는 그저 고마울 따름이다."

어린 시절 동래 관청에

서 심부름하던 관노 장영실로서는 정말 놀라운 출세가 아닐 수 없었습니다.

그러나 장영실은 그 뒤로도 오랫동안 새로운 물시계를 만들기 위해 고민했습니다. 자신이 만든 물시계의 불편한 점을 알았기 때문입니다.

"물은 일정하게 떨어지지만 그 시간을 어떻게 안단 말이냐?"

물이 일정한 그릇에 차면 시간이 지난 것을 알았지만, 그러려면 물그릇까지 와서 눈으로 보고 확인을 해야만 했습니다. 그건 너무나도 귀찮고 어려운 일이었습니다.

"와서 보지 않아도 시간을 알 수 있는 방법이 없을까?"

장영실은 또다시 궁리에 들어갔습니다.

"맞아. 물에 뜨는 잣대를 이용해서 종을 치는 거야!"

일정한 속도로 차오르는 물 위에 잣대를 띄우고, 그 잣대가 위로 움직이면서 시간마다 구슬을 건드리면, 그 구슬이 굴러가 종을 치게 됩니다.

"그래, 바로 그거야."

장영실은 여러 실험을 거친 끝에 드디어 두 시간마다 아름

다운 소리가 울려 퍼지는 시계를 만들었습니다. 그 시계의 이름은 스스로 종을 치는 시계라는 뜻에서 자격루라 붙였습니다.

이를 보고 세종대왕은 또다시 감탄했습니다.

"기특하다. 장영실이 중한 보배를 성취하였으니 그 공이 으뜸이구나."

자격루는 처음에 만들었던 물시계와 달리 시간이 되면 스스로 종을 치는 자동 시계였습니다. 당시의 기술로서는 매우 놀라운 발명이었습니다.

"여보게 영실이. 정말 장하네."

그를 돌봐 주던 당대 최고의 과학자 이천까지도 영실을 칭찬했습니다. 이제 그의 기술은 이천을 뛰어넘는 것이었습니다.

이때의 세종대왕의 역사를 기록한 《세종실록》은 이렇게 말하고 있습니다.

영실의 사람됨이 재주가 있을 뿐만 아니라 성품이 총명하기가 누구보다 뛰어나 매양 내 옆에서 강론하였고, 또한 내시를 대신해서 내 분부를 전달하는 일도 맡아 보았다.

그러나 이런 것이 어찌 공이 되겠느냐. 지금 물시계를 만들어서 내 분부를 잘 받들었도다. 이 사람이 만든 것은 원나라 순제 시절의 것보다 뛰어나다. 영실의 정교함이 만세에 전할 기계를 만든 것이다.

"이번엔 영실에게 호군이라는 벼슬을 내려 주려 한다."
세종대왕은 강력하게 장영실의 벼슬을 올려 주려 했습니다.
"지당하신 분부이십니다."
공명정대하기로 이름났던 황희 정승도 기꺼이 세종대왕의 분부를 따랐습니다. 장영실의 공이 워낙 뛰어났기 때문입니다. 그러자 다른 신하들은 입도 뻥긋 못했습니다.
"전하, 성은이 망극하옵니다."
장영실은 자신의 능력을 인정해 주는 세종대왕의 은혜에 눈물을 흘리며 감사할 뿐이었습니다.
이즈음에 장영실은 혼천의도 만들었습니다. 중국에 공부하러 갔을 때부터 설계도를 그리면서 연구했던 것입니다.
혼천의란 별들의 움직임과 그 위치를 측정하는 기계입니다.

이는 동양 사람들이 우주를 보는 생각에 맞춘 것이지요.

혼천설이라는 것은 우주가 이 땅을 새알처럼 둥글게 둘러싸고 있다는 것입니다. 땅은 마치 새알 껍질처럼 생긴 우주 속의 노른자위같이 생겼다는 생각이지요.

쉽게 말하면, 우주는 둥근 원이고, 지구는 그 속에 있는 또 다른 둥근 원이라는 생각입니다.

이때 벌써 중국과 우리나라에서는 지구가 둥글다는 생각을 하고 있었던 것입니다. 놀라운 사실이 아닐 수 없습니다.

혼천의는 바로 우주와 지구의 움직이는 모습을 관찰할 수 있도록 만들어진 것입니다.

이러한 천문학적 지식을 바탕으로 장영실과 학자들은 해시계, 물시계 등을 만들고 더 좋게 고쳤습니다.

그러나 장영실은 여기에 만족하지 않았습니다.

'자격루는 시간을 알려 주고,

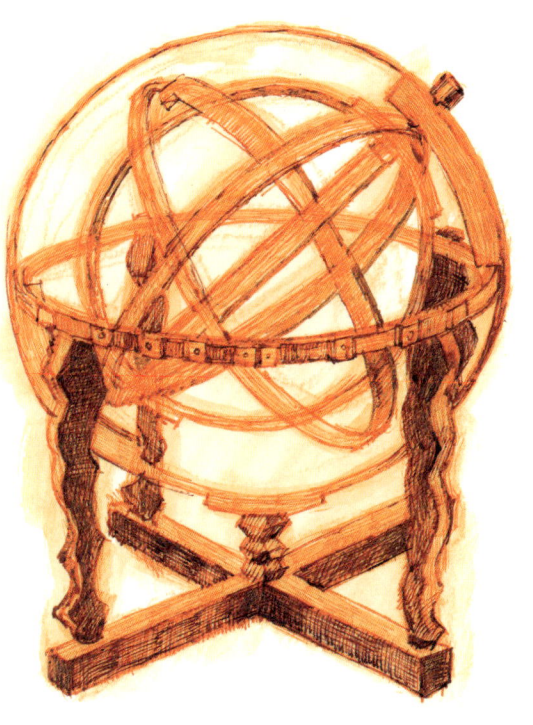

혼천의는 별들의 움직임을 관측할 때 쓰인다. 그렇다면 이 두 개를 합쳐 놓으면 계절의 변화를 알 수 있지 않을까? 또 계절에 따라 태양의 위치를 직접 계산하고, 농촌에서 해야 할 일을 궁중에서도 알 수 있지 않을까?'

이것은 참으로 어렵고 복잡한 생각이었습니다. 달력과 시계를 합쳐 한 해의 시간 흐름을 다 이해할 수 있어야 하는 것입니다. 하나하나 만든 발명품도 놀라운 것이었지만, 장영실은 이러한 발명품들을 합쳐서 더욱더 뛰어난 것을 만들 생각이었던 것입니다.

세종대왕에게 나아가 장영실은 말했습니다.

"전하, 이 모든 기계를 합쳐서 한눈에 우주와 천문, 농사를 파악할 수 있는 기계를 만들고 싶사옵니다."

"그런 것이 가능한가?"

"예. 노력하면 안 될 것이 없다고 생각합니다."

"그리 하라. 참으로 놀라운 발명이 되겠도다."

그때부터 장영실은 밥 먹는 것조차 잊고 발명에 들어갔습니다. 하지만 쉬운 일은 아니었습니다. 장영실과 많은 사람들이 꼬박 매달려 4년 동안 연구에 골몰했습니다. 될 듯하다가도 어긋나기가 여러 번이었습니다.

그러던 어느 날. 장영실과 함께 일하던 모든 과학자들이 기쁨에 들떠 소리를 질렀습니다.

"성공이다!"

"드디어 옥루가 완성되었구나!"

장영실은 그동안 했던 고생들이 주마등처럼 눈앞으로 지나갔습니다. 모두 눈시울이 붉어졌습니다.

"전하, 오늘이 옥루를 처음으로 선보이는 날이옵니다."

세종대왕은 4년 전에 장영실이 했던 말을 떠올렸습니다.

"그래. 내 친히 나가 보리라."

세종대왕과 신하들은 옥루가 설치된 경복궁 안의 흠경각으로 갔습니다.

흠경각에는 높이가 7자 가량 되는 동산이 종이로 만들어져 있었습니다. 위에는 금으로 만든 태양을 솜으로 만든 구름이 에워싸고 있었습니다. 태양 아래에는 달에 산다는 전설 속의 옥녀 인형이 구름을 타고 있는데. 손에는 금방울을 들고 동서남북 네

방향에 하나씩 서 있었습니다. 자시⁽밤 열한 시부터 오전 한 시 사이⁾가 되니, 쥐 뒤의 구멍이 열리면서 옥녀가 시패를 들고 나오고 쥐는 앞으로 일어났습니다.

"오호, 참으로 신기하구나."

세종대왕 감탄하자 장영실이 설명을 했습니다.

"축시⁽오전 한 시부터 세 시 사이⁾에는 소가 구멍에서 나옵니다. 이렇듯 제자리에 있던 십이지신이 차례로 나와 시각을 표시하게 됩니다."

이렇게 매 시, 경, 점마다 인형들이 종과 북, 징을 쳐서 시각을 알렸습니다. 물이 떨어지는 힘에 의해 바퀴가 돌면서 옥녀, 십이지신, 사신, 종인, 고인, 정인 등의 모든 인형이 스스로 움직였습니다.

옥루는 이렇게 사람의 손이 조금도 가지 않는 자동 시계였습니다.

"오, 참으로 놀라운 기계요!"

왕과 신하들은 장영실이 만들어 놓은 옥루를 보고 입을 다물지 못했습니다. 이것이야말로 중국과 아라비아의 모든 자료를 연구 검토하여 장영실이 독창적으로 만들어 낸 위대한 발명품이었습니다.

어떻게 금속활자를 만들까?

세종대왕은 밤늦도록 나랏일을 걱정했습니다.

'할아버지께서 세우신 이 나라를 올바로 이끌려면 내가 어찌해야 하나?'

'백성들을 일깨우고 가르쳐 행복하게 해야 한다.'

그러려면 백성들에게 문자를 알게 해야 합니다. 그래야만 농사짓는 법에 대한 책을 읽고 농사를 잘 지을 수 있습니다.

조선은 유교의 가르침으로 세운 나라입니다. 유교는 삼강오륜을 중요하게 생각합니다. 삼강은 군위신강·부위자강·부위부강으로 임금과 신하, 어버이와 자식, 남편과 아내 사이에 마땅히 지켜야 할 도리에 대한 것입니다. 오륜은 《맹자》에 나오는 부자유친·군신유의·부부유별·장유유서·붕우유신의 다섯 가지로, 아버지와 아들, 임금과 신하, 남편과 아내, 어른과 아이, 친구 사이의 도리를 밝힌 것입니다.

삼강오륜을 몸에 익혀 생활한다면 나라가 평안하고 질서가 잡힐 것입니다. 그러나 그런 어려운 가르침은 모두 한문으로 되어 있어 백성들이 읽지 못했습니다.

그래서 세종대왕은 자신의 뜻을 백성들에게 널리 펼치기 위해 한글을 만들었습니다. 백성들이 교육을 받고 자신의 뜻을 글로 전할 수 있게 된다면 훨씬 행복한 삶을 살 수 있을 것으로 믿었습니다.

집현전 학자들이 어렵게 만든 한글은 전 세계적으로 뛰어난 문자였습니다. 한자처럼 5만여 자의 글자를 다 알아야 하는 것이 아니라, 자음과 모음 몇 개만 익히면, 소리 나는 대로 글자를 만들어 쓸 수 있었기 때문입니다.

"자, 한글은 만들었는데 문제는 인쇄야."

세종대왕은 바로 그걸 걱정하고 있었습니다. 좋은 가르침을

담은 책을 많이 만들어 보급하려면 인쇄를 해서 책으로 만들어야 합니다. 하지만 그 당시 책은 목판에 글자를 새기고 먹을 묻혀 종이에 대고 한 장씩 찍는 것이었습니다. 그래서 책 한 쪽을 인쇄하려면 그 쪽의 글자들을 목판 한 장에 일일이 다 새겨야 했습니다. 하지만 그렇게 새긴 목판은 오래가지도 못했습니다.

"수백 수천 권의 책을 만들려면 다른 방법이 필요해."

세종대왕도 이처럼 발명과 발견에 대해 이미 전문가가 다 되었습니다.

'무슨 좋은 방법이 없을까?'

세종대왕은 해가 지고 어두워질 때까지 고민을 했습니다. 그 때 멀리서 자격루의 종소리가 들렸습니다.

"댕! 댕!"

그 순간, 이 어려운 문제를 장영실에게 맡기면 되겠다는 생각이 들었습니다.

'그래, 장 호군을 불러서 이 문제를 해결하도록 해야겠다.'

세종대왕은 다음 날 조용히 장영실을 불렀습니다.

"무지한 백성들을 일깨우기 위해서는 우리에게 활자가 필요

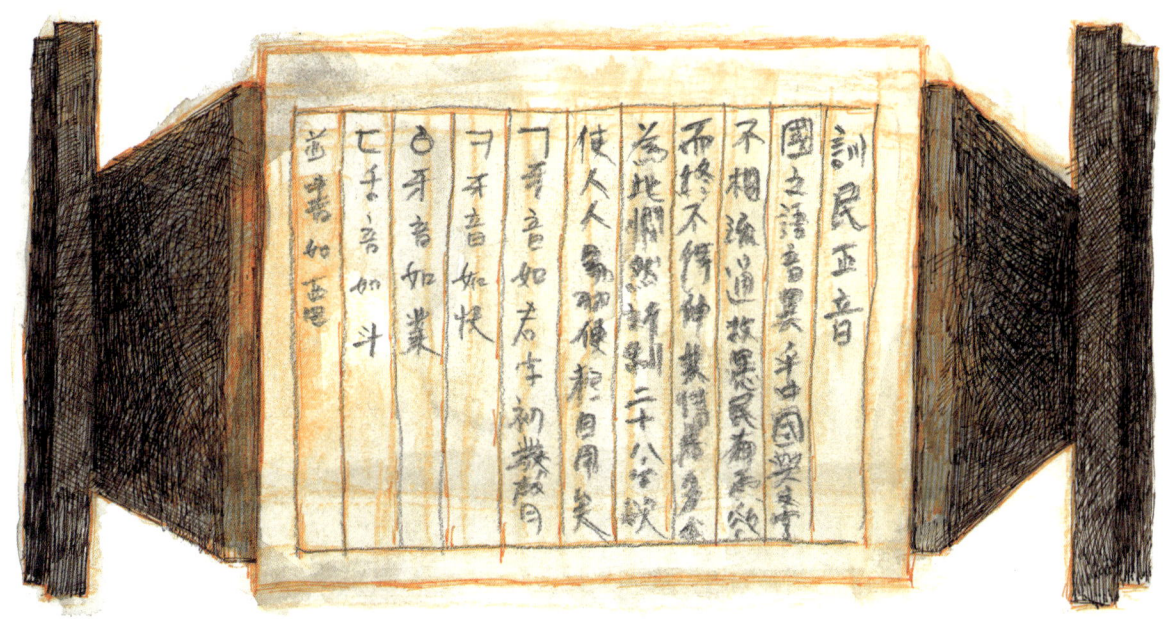

하오."

"그렇사옵니다."

"그런데 지금의 목판 인쇄로는 좋은 책을 많이 만들 수가 없지 않소?"

"맞사옵니다. 지금 만들어 놓은 나무 활자는 너무 약하옵니다."

"무슨 방법이 없겠소?"

세종대왕은 간절히 물었습니다. 장영실도 이에 대한 생각을 오래전부터 하고 있었습니다.

"혹시 금속으로 활자를 만들어 보면 어떨까 생각했습니다."

"금속이라면?"

"자격루나 여러 물건을 만들면서 청동을 다뤄 보았사옵니다. 청동을 잘 다루면 얼마든지 활자를 만들 수 있을 것이옵니다."

"나도 그 생각을 했지만. 지금의 금속 활자는 여러 가지로 너무 불편하지 않소?"

"좋게 새로 만들어야 합니다."

"개량도 좋지만 쇠라면 깎아서 글자를 새길 수 없지 않소?"

"녹여서 틀에 부어 만들어야 할 것이옵니다."

세종대왕은 그 순간 눈이 번쩍 뜨였습니다.

"오호, 그런 방법이 있었구려. 그럼 당장 연구해 보도록 하시오."

영실은 조용히 왕 앞을 물러 나왔습니다. 금속 활자는 이미 고려 시대부터 있어 왔습니다. 하지만 일부에서만 쓸 뿐, 아직 널리 쓰이는 것은 아니었습니다. 게다가 장영실은 새로운 활자를 만들 기술도 없고, 어떻게 만드는지도 잘 모르는 상태였습니다.

왕의 명령을 받은 그날부터 장영실은 연구를 시작했습니다.

"여러 가지 쇠를 녹여서 만들어 보지요."

장영실은 선배인 이천과 함께 자나 깨나 활자 만들 생각만 하면서 수많은 실험을 했지만 실패를 거듭하고 있었습니다.

"아아, 정말 안 되는구나."

장영실은 세월만 흘러가고 원하는 쇠가 만들어지지 않는 것에 속이 상했습니다. 구리와 주석을 녹여 섞어서 활자 만들 금속을 만들어야 하는데, 그 적당한 비율을 찾기가 어려웠습니다. 너무 딱딱해서 부서지거나, 그렇지 않으면 너무 말랑말랑했던 것입니다.

"이보시오, 장 호군."

이천이 어느 날 황급히 영실을 찾았습니다.

"무슨 일이십니까?"

"명나라에서 김새가 지금 한양에 와 있다고 하오."

"김새라면?"

김새는 명나라가 자랑하는 뛰어난 기술자였습니다. 중국에 가서 장영실이 공부할 때 먼발치에서 한 번 봤던 최고의 발명가였고, 금속 전문가였습니다. 그가 만든 물건은 수도 없이 많았고, 모든 사람의 존경을 받고 있었습니다.

"김새가 왜 한양에 와 있습니까?"

"오랑캐들 사는 곳에 갔다가 잡혀서 죽을 뻔했는데, 간신히 도망을 쳤다오. 그래서 피신을 온 게 바로 우리 조선이라는군."

"아니, 그렇다면 당장 만나 봐야 하지 않겠습니까?"

장영실은 황급히 김새가 묵고 있는 여관으로 가 보았습니다. 과연 그곳에 김새가 있었습니다. 그는 술에 취해 잠이 들어 있었습니다.

"여보시오, 나리!"

"누, 누구냐?"

김새는 유창한 중국어에 놀라 눈을 떴습니다.

"저는 장영실이라고 합니다."

"그런데 나를 왜 찾아온 거요?"

장영실은 술에 취한 그에게 꿀물을 대접하며 말했습니다.

"나리를 이렇게 직접 뵙게 되어 영광입니다."

장영실은 김새와 밤새도록 과학 기술에 대해 이야기를 나누었습니다. 김새는 조선에 이처럼 뛰어난 과학자가 있다는 사실에

놀랐습니다.

"저희 임금님께 인사를 올리시지요."

"당신 같은 과학자를 기른 임금님이라면 만나 뵙고 싶소."

그리하여 장영실은 김새를 데리고 궁궐로 들어갔습니다. 세종대왕은 벌써 소식을 듣고 기다리고 있었습니다.

"그대는 우리나라에 눌러 살 생각이 없는가? 내 자네가 원하는 대로 집도 주고 재산도 주겠네."

"황공하옵니다. 상감마마."

김새는 세종대왕의 극진한 대접에 감격했습니다.

세종대왕은 김새를 통해서 명나라의 뛰어난 기술들을 배울 생각이었습니다. 김새가 결혼해서 살 수 있도록 해 주고, 원하는 대로 대우를 해 주었습니다. 그러한 대우에 김새는 흡족해했습니다.

하지만 김새는 점점 자기 말고는 잘난 사람이 없는 듯이 행동하며 큰소리를 쳤습니다.

"나는 돌로 금도 만들 수 있소. 으하하하!"

순 거짓말도 서슴지 않고 했습니다. 장영실은 그런 사실을

모두 알고 있었지만, 김새가 터득하고 있는 다른 기술을 취하기 위해 그의 비위를 맞추었습니다.

"아무렴요. 나리가 무슨 일인들 못 하시겠습니까?"

장영실은 그에게서 활자 만드는 모든 기술을 하나하나 익혔습니다. 그리하여 어려운 문제들을 하나씩 해결해 나갔습니다.

그리고 마침내 새로운 금속 활자를 만들어 냈습니다.

"오, 역시 김새의 말대로 하니까 활자를 만들 수 있구나."

장영실은 쇠를 알맞게 녹여서 금속 활자를 만들 수 있게 된 것입니다.

낱개로 만든 활자들을 모아서 글을 만들고 종이에 찍으니 지금까지 볼 수 없던 훌륭한 책이 완성되었습니다.

"상감마마, 드디어 금속 활자를 만들었사옵니다!"

장영실이 들고 간 책을 보고 세종대왕은 감격했습니다.

"오, 정말 수고가 많았소."

"수백 권을 찍어도 활자가 전혀 망가지지 않습니다."

이것이 바로 세계적으로 우수함을 인정받은 갑인자입니다. 이것은 서양의 구텐베르크가 만든 금속 활자보다도 앞선 것입니다.

그리고 장영실은 해시계인 앙부일구도 만들었습니다. 앙부일구라는 말의 뜻은 솥을 떠받치고 있는 모양의 해시계라는 뜻입니다. 솥처럼 생긴 그릇 안에 그림자 침의 끝이 그릇 한가운데에 맞춰져 있습니다. 그 바닥에는 그림자 위치를 나타내는 선이 세로로 그려져 있고, 절기를 표시하는 선이 가로로 그어져 있습니다. 이 그림자의 길이에 따라 절기를 재고, 그림자 끝의 위치에

따라 시간을 알 수 있게 되어 있지요. 앙부일구의 둥근 솥 같은 바닥은 바로 장영실을 비롯한 천문학자들이 태양의 움직임을 정확하게 알고 있었다는 뜻입니다. 여름에는 짧고 겨울에는 긴 그림자의 모습을 앙부일구만이 정확하게 읽어 낼 수 있었던 것입니다.

비가 오는 양을 정확히 알아야 해

　세종대왕은 옥루와 갑인자를 만든 장영실에게 대호군 벼슬을 주었습니다.
　"전하, 성은이 망극하옵니다."
　관노 출신인 장영실로서는 이러한 엄청난 출세가 놀라운 것이었습니다. 그러나 세종대왕은 장영실과 같은 인재가 있어야 나라가 발전할 수 있다는 사실을 잘 알고 있었습니다. 이렇게 세종대왕과 장영실, 두 사람의 관계는 떼려야 뗄 수 없는 것이었습니다.
　그리고 얼마 뒤, 세종대왕은 장영실에게 또 다른 임무를 맡겼습니다. 경상도 채방 별감이라는 직책이었습니다.

"채방 별감 벼슬을 내린 이유는 경상도 지방의 동이나 철을 조사하라는 것이오."

세종대왕은 장영실을 불러 친히 새로운 벼슬을 주었습니다.

"알겠사옵니다. 상감마마."

"구리나 철은 공업을 일으키는 데 없어서는 안 될 중요한 자원이요. 이 원료를 캐내서 광산을 만들고, 그것을 이용해서 기계를 만들거나 농기계를 제작하는 데 도움이 되게 하시오."

세종대왕의 명에 따라 경상도로 내려간 장영실은 하루가 멀다 하고 광산을 찾으러 다녔습니다.

"아이고 나리, 좀 쉬었다 가세요."

그를 뒤따르는 부하들은 다리를 질질 끌며 하소연했지만, 장영실은 쉬지 않았습니다.

"이 산을 넘어가면 분명히 광산이 나올 것 같다. 힘을 내서 어서 가 보자."

그는 잠도 제대로 자지 않고 이곳저곳을 떠돌면서 광산과 철광을 찾아냈습니다. 그 결과 창원, 울산, 청송, 음성의 동과 철,

안산의 연철 등을 발견해서 조정에 새로운 광산을 찾았다고 보고할 수 있었습니다.

그러던 어느 날, 세종대왕은 장영실을 한양으로 불렀습니다.

"그대를 부른 것은 어려운 부탁이 있어서요."

"예, 분부만 내리십시오."

장영실은 이제 다시 발명을 하고 싶기도 했습니다.

"그 일은 다름이 아니라 강우량을 잴 수 있는 기구를 만들라는 것이오."

"비가 오는 양을 재란 말씀이십니까?"

"그렇소. 비의 양을 잴 수만 있다면 그에 대한 대비책도 마련할 수 있지 않겠소?"

"옳으신 말씀입니다."

"그동안 내가 비의 종류를 내리는 양에 따라서 구분할 수 있는 방법을 연구하도록 했소."

그러면서 세종대왕은 집현전 학자들을 불렀습니다. 신숙주와 성삼문이 이미 왕의 명령에 따라 비의 양을 연구하는 법을 만들었습니다. 그들은 비를 미우, 세우, 소우, 하우, 쇄우, 취우, 대우, 폭우의 여덟 단계로 구분하여 기록하도록 했습니다.

"자세히도 구분을 해 놓았습니다."

"그렇소. 그러나 이는 보는 사람에 따라 미우가 세우가 될 수 있고, 폭우가 대우도 될 수가 있어서 정확하지 않소."

집현전 학자 신숙주가 설명을 했습니다.

"그러므로 비의 양을 정확한 수치로 잴 수 있는 기구가 필요합니다."

성삼문이 곁에서 거들었습니다.

"제 생각도 그렇습니다."

장영실은 고개를 끄덕였습니다. 과학자가 아니지만, 세종대왕의 풍부한 지식과 지혜로움은 장영실로서도 감탄을 금치 못하게 했습니다.

"그대도 알다시피 몇 년 동안 가뭄 때문에 땅이 마르거나 비가 많이 와 홍수가 나는 일이 잦았소. 이러니 농사를 어찌 짓겠소? 이런 재난을 막으려면 해마다 비가 얼마나 오는지 그 양을 알아내서 저수지를 만들고 둑도 쌓아야 하지 않겠소? 그래서 부탁하는 것이오. 잘 생각해서 우량계를 만들어 보도록 하시오."

 "분부 명심하겠습니다."

 그 뒤, 장영실은 여러 가지 통으로 빗물을 받는 실험을 한 끝에 측우기를 만들었습니다.

높이는 31.6센티미터에 지름은 14센티미터 정도인 원통 모양의 측우기를 비가 오는 곳에다 설치하고, 자를 꽂아서 비의 양을 측정할 수 있게 했던 것입니다. 1441년에 완성된 측우기는 세계에서 최초로 발명된 것이었습니다.

비와 관련된 또 다른 발명품으로 수표를 들 수 있습니다. 수표는 시내나 강에서 물의 높이를 재는 측정 기구입니다. 수표를 통해서 늘 물의 양을 관측하다가 물이 불면 홍수를 대비할 수 있었습니다. 청계천에 놓였던 다리인 수표교는 이런 역할도 맡고 있었습니다. 요즘은 웬만한 다리마다 수표가 새겨져 있지만, 세종대왕 시절만 해도 그것은 아무나 생각할 수 없는 것이었습니다.

측우기가 만들어지자, 세종대왕은 똑같은 측우기를 여러 대 만들어서 각 도에 나누어 주도록 지시했습니다. 그리고 여름이 되면 측우기에 고인 물을 날짜별로 적어 두었다가, 이듬해에 농사를 지을 때 참고하도록 했습니다.

이후 장영실은 직접 발명을 하지는 않았습니다. 만들고 있는 물건들을 감독하고 감시하며 계획만 세워 주면 되는 높은 지위에 올라갔던 것입니다.

가마가 망가지고
장영실은 옥에 갇히고

이 무렵에 세종대왕은 왕비와 함께 온천에 자주 다녔습니다. 건강이 나빠져 온천을 다니면서 피로를 풀곤 했던 것이지요. 먼 곳까지 가려면 가마가 가볍고도 좋아야 했습니다. 그래서 오랜 시간 타고 있어도 편안한 가마가 필요했습니다.

"상감마마께서 타실 가마를 새로 만들어 올리시오."

기술자들은 새로운 가마를 만들라는 명령을 받고 가마 제작에 들어갔습니다.

그러나 장영실의 출세를 시기하던 조정의 대신 가운데 한 사람이 가마 만드는 목수 한 사람을 몰래 불러냈습니다. 그는 누가

들을세라 소곤소곤 말했습니다.

"자네가 가마를 만들 때 가운데 있는 나무토막을 썩은 것으로 쓰도록 하게."

"썩은 것으로 쓰면 망가지지 않습니까? 전하께서 타실 것인데요."

"괜찮네. 썩은 나무를 썼는지 누가 알겠는가? 자네만 알겠지. 그것을 만들면 내가 후한 상금을 주겠네."

못된 신하는 썩은 나무를 사용한 가마를 만들도록 했습니다. 그것도 모르고 장영실은 가마를 만드는 곳에 와서 최선을 다해 훌륭한 가마를 만들라고 지시했습니다.

이윽고 보름 뒤에 가마가 새로이 만들어졌습니다. 겉으로 보기에는 아주 훌륭한 가마였습니다.

세종대왕이 온천으로 떠날 준비가 다 된 것입니다. 새로운 가마에 올라타고 출발하면 되니까요.

세종대왕과 왕비가 각자 가마에 올랐습니다. 두 분을 배웅하는 음악이 크게 울렸습니다.

궁궐 밖으로 가마가 빠져나갔습니다. 바로 그때였습니다.

가마가 우지끈하고 부러져 버렸던 것입니다.

"어이쿠!"

세종대왕이 탄 채로 가마가 땅바닥에 털썩 주저앉았습니다.

다행히 가마를 타고 있던 임금은 다치지 않았습니다.

하지만 너무 놀라서 온천으로 가려던 발걸음을 돌려 다시 궁궐로 돌아오고 말았습니다.

온 조정은 난리가 났습니다.

"마마, 가마를 부실하게 만든 장영실을 용서할 수 없습니다. 벌을 주셔야 합니다."

"맞습니다. 옥체가 손상을 입었더라면 어찌할 뻔했사옵니까? 장영실의 죄는 용서할 수 없습니다."

신하들은 모두들 들고 일어섰습니다.

장영실은 그동안 한 번도 벼슬이 떨어지거나 귀양살이를 한 적이 없었습니다. 세종대왕이 극진히 아끼고 사랑했을 뿐만 아니라, 본인도 최선을 다해서 노력했기 때문입니다. 그런데 이처럼 왕의 가마가 망가지게 하는 큰 죄를 저지르게 된 것입니다.

이 일로 장영실은 의금부에 갇히게 되었습니다. 어두운 밤이 되어 달이 뜨자, 장영실은 감옥에서 창밖을 내다보며 눈물을 지었습니다.

"아, 어쩌다가 이런 실수를 했단 말인가. 가마를 만들 때 일일이 살펴야 할 것을……. 내 죽어도 할 말이 없구나."

장영실은 눈물 흘리며 자신의 잘못을 반성했습니다.

그러나 이런 잘못은 원래 장영실이 책임질 문제는 아니었습니다. 궁중의 물건을 만드는 책임자가 직접 지도록 되어 있었습니다. 그러나 장영실의 출세를 시기하던 벼슬아치들은 어떻게 해서든 그를 옭아 넣으려 했던 것입니다.

"장영실을 용서해서는 아니 되옵니다."

건강이 나빠져 예전보다 기력이 많이 떨어진 세종대왕은 결정을 내리기가 힘들었습니다.

고민하던 세종대왕은 황희 정승을 불렀습니다.

"황 대감, 장영실의 죄를 어찌하면 좋겠소?"

그동안 장영실을 돌봐 주던 황희 정승도 이번만은 어찌할 수 없었습니다.

"그동안 전하께서 너무 장영실만을 사랑하신다고 다른 신하들의 불만이 많았습니다. 이번에는 죄를 피하고 넘어가기 힘들 것 같사옵니다."

"그러니 어떡하란 말이오?"

"마땅한 벌을 주고 고향으로 돌아가도록 해야 할 것이옵니다."

세종대왕은 할 수 없이 그리 하도록 지시했습니다.

결국 장영실은 가마를 만든 책임자들과 함께 곤장 80대를 맞게 되었습니다. 그리고 벼슬을 빼앗긴 뒤에 궁궐 밖으로 쫓겨났습니다. 그가 세종대왕 곁에서 과학에 몰두한 지 20년 만에 일어난 일이었습니다.

장영실이 발명해 낸 측우기는 나라 곳곳에 만들어져 쓰이고 있었습니다. 백성들은 측우기를 통해서 비의 양을 계산하여 농사를 잘 지을 수 있게 되었습니다.

장영실이 그토록 많은 공로를 세우고 수많은 사람들이 그의 발명 덕분에 혜택을 입었지만, 결국 쫓겨나고 만 것입니다. 장영실은 더 이상 발명을 할 수 없었습니다. 목숨을 잃지 않은 것만도 다행이었습니다. 이는 조선 시대 신분 제도의 큰 벽이라 할 수 있습니다.

이후 장영실에 대한 기록은 남아 있지 않습니다. 다만 《동국여지승람》이라는 책에 '아산의 명신'이라는 기록이 남아 있습니다. 이것으로 보아 아마 아산으로 들어가서 거기에서 살다가 세상을 떠났을 것이라고 추측할 뿐입니다.

장영실은 과학 발전에 일생을 바친 조선 시대 최고의 기술자였습니다. 아니, 당시 세계 제일의 과학자였을지도 모릅니다.

　세종대왕 시대에 그토록 찬란한 과학의 발전이 있었던 것은 장영실이라는 선구자가 있었기 때문에 가능했던 것입니다.

고정욱 선생님이 들려주는 장영실

제1판 제1쇄 발행일 2002년 4월 11일
제1판 제38쇄 발행일 2013년 6월 28일
개정판 제6쇄 발행일 2025년 2월 5일

글쓴이 · 고정욱
그린이 · 허구

펴낸이 · 곽혜영
주　간 · 오석균
편　집 · 최혜기
디자인 · 소미화
마케팅 · 권상국
관　리 · 김경숙
펴낸곳 · 도서출판 산하 | 등록번호 · 제2020-000017호
주소 · 03385 서울특별시 은평구 연서로26길 27. 대한민국
전화 · 02-730-2680(대표) | 팩스 · 02-730-2687
홈페이지 · www.sanha.co.kr | 전자우편 · sanha0501@naver.com

글 ⓒ 고정욱. 2002

ISBN 978-89-7650-443-2 74810
ISBN 978-89-7650-610-8 (세트)

＊이 도서의 국립중앙도서관 출판시도서목록(CIP)은 e-CIP홈페이지(http://www.nl.go.kr/ecip)와
　국가자료공동목록시스템(http://www.nl.go.kr/kolisnet)에서 이용하실 수 있습니다. (CIP제어번호 : CIP2014034841)
＊이 책은 저작권법에 따라 보호받는 저작물이므로 무단 전재와 무단 복제를 금합니다.
＊8세 이상 어린이를 위한 책입니다.